GÉNÉALOGIE

DE LA FAMILLE

PETIT-DE-LAVAUX

PAR

ARTHUR DAGUIN

Officier d'Académie

Membre de plusieurs Académies et Sociétés savantes

Françaises & Étrangères.

Deuxième édition

ARCIS-SUR-AUBE

LÉON FRÉMONT, IMPRIMEUR-ÉDITEUR

—

1884

GÉNÉALOGIE

DE LA FAMILLE

PETIT-DE-LAVAUX

PAR

ARTHUR DAGUIN

Officier d'Académie

Membre de plusieurs Académies et Sociétés savantes

Françaises & Étrangères.

Deuxième édition

ARCIS-SUR-AUBE

LÉON FRÉMONT, IMPRIMEUR-ÉDITEUR

—

1884

GÉNÉALOGIE

DE LA FAMILLE

PETIT-DE-LAVAUX

Le P. Vignier, dans le chapitre de sa *Décade* qu'il consacre à *quelques familles anciennes de Langres,* donne la généalogie d'une famille *Petit* qui portait *de gueules à la teste de cerf d'argent.* A la suite de cette généalogie, il ajoute : « Il y a une autre race des *Petit.* qu'on appelle *à l'Egland,* qui porte *d'azur à trois glands d'or.* » De cette dernière famille sont sorties deux branches qui eurent quelque renom : les *Petit-de-Lavaux,* seigneurs de Donnemarie, etc., et les *Petit-de-Boisgarnier,* seigneurs de Boisgarnier, près de Melun. La Chesnaye, dans son *Dictionnaire généalogique,* etc., donne une généalogie des *Petit de Lavaux,* « famille originaire de Champagne dont la branche aînée subsistante est établie à Saint-Dizier ; de la seconde il ne reste plus qu'une fille dans laquelle cette branche est éteinte. » Cette généalogie « rédigée, dit-il, sur des titres qui ont été produits, en Janvier 1668, par devant M. le Fèvre de Caumartin, alors Intendant de Champagne, » est loin d'être complète.

Des notes que nous avons extraites des états-civils des villages du département de la Haute-Marne, et surtout les recherches auxquelles s'était livré un membre de notre famille, Denis-François Simonnot, ancien notaire à Nogent (Haute-Marne) [1], nous permettent de rétablir la généalogie de cette famille *Petit,* dont la noblesse fut maintenue définitivement par arrêt du conseil d'Etat daté du 11 juin 1669.

I. GUILLAUME ou GUYOT PETIT vivait dans la seconde moitié du XVe siècle. Il épousa, suivant La Chesnaye, Gillette de Montarby [2], *alias* Jeanne de Martincourt, suivant le manus-

---

1. Le manuscrit où sont consignées ces recherches appartient à M. F. Simonnot, de Chaumont, qui a bien voulu le mettre à notre disposition.

2. *De Montarby :* de gueules, à un chevron d'argent (Caumartin).

crit Simonnot, qui ajoute : « Un titre de mars 1499 la désigne comme *vivant en veuvage.* » Parmi ses enfants on connaît :

  1° Guy Petit, prêtre,
  2° Didier Petit, qui suit.

II. DIDIER PETIT, écuyer, seigneur de Beulon (du Beuillon), fut marié deux fois. Sa première femme fut Jacquette de Varennes ; la seconde, par contrat du 26 juin 1504, passé par devant Jean Claude et Pierre Masson, notaires-tabellions-jurés au bailliage de Langres, demeurant à Herbigny, fut Bonne de Gyé, fille de Pierre de Gyé [1], écuyer, seigneur de Briocourt, lieutenant-général à Chaumont, et de Colette Hennequin [2]. Didier mourut en 1540.

Du premier lit sont issus :

1° Guy Petit, sieur de Villiers-sur-Suize, qui épousa Quentine Gastebois, fille d'Etienne Gastebois [3] et de Claude Girault [4], dont il eut quatre filles :

  A. Claudette Petit, femme de N*** Boyer, de Dijon ;

  B. Elisabeth Petit, femme de Nicolas Roussat [5] ;

  C. Jacquette Petit, femme de Claude Médard [6], licencié ès-lois, procureur du roi à Nogent, seigneur de Villiers-sur-Suize, Donnemarie, Vesaignes, anobli le 24 août 1564. Il était maître des requêtes du duc d'Alençon.

  D. Gillette Petit, femme de N*** de la Mothe, en Parthois.

2° Antoinette Petit, qui épousa Pierre Bouvier, dont elle eut six enfants :

1. *De Gyé :* d'argent semé de trèfles de sable, à un lion du même, armé et lampassé de gueules ; et un chef de gueules chargé de trois croissants d'or (Paillot).

2. *Hennequin :* vairé d'or et d'azur ; et un chef de gueules chargé d'un lion léopardé d'argent (Paillot, d'Hozier). — L'*Armorial général* donne pour Nicolas-François d'Hennequin, seigneur de Curel : De gueules, à trois pals vairés d'or et d'azur ; et un chef de gueules chargé d'un lion passant d'argent lampassé de gueules.

3. *Gastebois :* posés en orle d'or et d'azur de huit pièces à huit écus de l'un en l'autre gironné et un écu de gueules brochant (Vignier).

4. *Girault :* d'azur, à une fasce accompagnée en chef de trois croissants et en pointe d'un bouc saillant, le tout d'argent ; et une bordure engrêlée d'or (Caumartin).

5. *Roussat :* d'azur, à un bourdon d'argent soutenu d'une étoile et accompagné en chef de deux roses du même (Vignier).

6. *Médard :* d'or, à trois roses de gueules ; et un chef d'azur chargé de deux roses d'argent (Laîné).

> A. Guyette Bouvier, femme de Didier Guillemin ;
> B. Anne Bouvier, femme d'Etienne Cordier ;
> C. Jean Bouvier ;
> D. Arnoult Bouvier ;
> E. Nicolas Bouvier ;
> F. Innocent Bouvier.

3º Pierre Petit, chanoine à Langres.

4º Guillaume Petit, qui épousa N*** Genevois [1], dont il eut :
Bologne Petit, femme de Blaise Husson, demeurant à Grancey, en Parthois.

5º Etienne Petit, qui mourut sans hoirs à Saint-Jacques en Galice.

Du deuxième lit sont issus :

6º Guyette Petit, qui épousa Monginot Petitjean [2], dont elle eut :

> A. Arnould Petitjean, qui épousa en premières noces Jeanne Humblot, et en secondes Claude Charderon ;
> B. Bénigne Petitjean, femme en premières noces de Nicolas Gironnet, et en secondes de Nicolas Janniot ;
> C. Nicolas Petitjean, avocat à Paris, qui se maria à Marthe de Boudeville ;
> D. Bonne Petitjean, femme de Denis Thiébault [3] ;
> E. Denis Petitjean, qui épousa Barbe Heudelot [4] ;
> F. Jeanne Petitjean, femme de Jean Sirejean [5] ;
> G. Marguerite Petitjean, femme en premières noces de Pierre Aubinet ou Obinet.

7º Nicolas Petit, chanoine de Langres, qui décéda le 4 juin 1584.

8º Jean Petit, chanoine de Troyes.

9º Marguerite Petit, qui épousa Jean Foret, dont elle eut :

---

1. *Genevois :* d'or, à trois genevriers de sinople, 2, 1 (Vignier, et *Armorial général*). — La branche des marquis de Blaigny : d'azur, à une fasce d'or accompagnée de trois coquilles du même, 2, 1 (Caumartin).

2. *Petitjean :* d'argent, à un bourdon d'azur mis en pal (*Armorial général*).

3. *Thiébault :* de sable semé de trèfles d'argent, à un lion du même brochant (*Armorial général*).

4. *Heudelot :* d'argent chappé de sable (*Armorial général*).—De gueules, à un chevron d'or accompagné en chef de deux molettes d'or et en pointe d'un trèfle d'or (Chevillard). — De gueules, à un chevron d'argent accompagné de trois trèfles d'argent posés 2, 1 (La Chesnaye).

5. *Sirejean :* d'or, à une aigle de gueules (*Armorial général*).

> A. Didier Foret, médecin ;
> B. Nicolas Foret, habitué à Troyes ;
> C. Nicole Foret, femme de Guy Valette ;
> D. Huguette Foret, femme de François Valette ;
> E. Quentine Foret, femme de Jacques Regnault ;
> F. Jean Foret, à Troyes ;
> G. Guyette Foret, femme de Simon N*** ;
> H. Didière Foret, femme en premières noces de Nicolas Petitjean, et en secondes de Didier de Gissey [1].

10° Antoine Petit, mort sans hoirs ;

11° Gilles, tige des seigneurs du Beuillon, dont l'article suit.

12° Claude Petit, jumeau du précédent.

13° Louis Petit, receveur à Saint-Dizier, épousa N***, dont il eut :

> A. Madeleine Petit, femme de Michel Bègues, sieur du Val ;
> B. Jean Petit, procureur du roi à Vitry ;
> C. Bonne Petit, femme en premières noces de N*** Garnier, avocat du roi à Vitry, et en secondes de Jean Vallethier [2] ;
> D. François Petit, épousa N*** Garnier ;
> E. Marie Petit, femme de N***, élu à Saint-Dizier ;
> F. Nicolas Petit, religieux chartreux à Paris.

14° Didière Petit, qui épousa Jean Gironnet, bourgeois de Langres, dont elle eut :

> A. Jean Gironnet, chanoine de Langres ;
> B. Anne Gironnet, femme de Philibert Heuret.

15° François Petit, seigneur de Boisgarnier près Melun, maître des eaux et forêts du bailliage de Chaumont, auteur de la branche des *Petit-de-Boisgarnier*, « dont font partie François-Thomas, François, Nicolas Petit de Boisgarnier qui sur le vu de leurs titres, obtinrent un arrêt de confirmation de leur noblesse au Conseil d'Etat du Roi, le 11 juin 1667 (La Chesnaye). »

16° Didier Petit, sous-fermier de l'abbaye de Montiéramey.

17° Bernard Petit, mort sans hoirs.

18° Girard Petit, mort sans hoirs.

19° Colette Petit, qui épousa Antoine Humblot [3], dont :

---

1. *De Gissey* : de gueules, à trois chandeliers d'église d'or surmontés de trois étoiles du même.

2. *Vallethier* : coupé : au 1 de sinople, à un agneau pascal d'argent, la banderole chargée d'une croix de gueules, et une étoile d'or posée au premier canton ; au 2 d'or, à une tête de More de sable tortillée d'argent.

3. *Humblot* : d'azur, à une fasce ondée d'argent accompagnée de trois

Etienne Humblot, procureur du roi en l'élection de Langres ; il épousa Guillemette Noirot, fille de Christophe Noirot et d'Anne Bouvot [1].

20° Michelette Petit, femme de Guy Mahudel, procureur du roi à Nogent, dont est née :

Catherine Mahudel, qui épousa Pierre Mance [2], procureur du roi en la prévôté et notaire royal à Nogent (seconde moitié du xvi° siècle).

21° Hugues Petit, mort sans hoirs.

22° Denise Petit, morte sans hoirs.

23° Jean Petit, chanoine de Langres.

24° François Petit, maître des eaux et forêts à Chaumont, épousa Jeanne Gousset, dont :

Robert Petit, prévôt d'Andelot, qui épousa Colette Viard, fille de Philippe Viard et de Françoise de Daillancourt [3].

III. GILLES PETIT, écuyer, seigneur du Beuillon et de Laneuvelle « d'abord enseigne, puis lieutenant de la Compagnie des gens de pied du baron de Roucy, partagea avec ses frères les successions de ses père et mère par acte du 20 Septembre 1540, passé par-devant Claude le Gros, notaire et tabellion en la prévôté de Coiffy ; donna son dénombrement le 14 Février 1542, à cause des terres du Beugnon et Laneuvelle, mouvantes du seigneur de Bourbonne, et obtint sentence le 19 Janvier 1544 pour raison des droits seigneuriaux contre différents particuliers. Il avait épousé, par contrat du 20 Avril 1531 passé par-devant Chevry et Minet, notaires-jurés au bailliage de Gondrecourt, résidant à Bienville, *Catherine d'Ourches*, fille de *Hugues* [4], écuyer, seigneur de Broussey, et de *Guillemette*

annelets d'or (Caumartin, Vignier). — *L'Armorial général* enregistre les armes suivantes de Simon Humblot, écuyer à Langres : d'azur, à deux bandes ondées d'argent accompagnées de trois annelets d'or posés 2 en chef et 1 en pointe.

1. *Bouvot* : d'azur, à un chevron d'argent accompagné de trois têtes de bœuf au naturel posées 2, 1 (Vignier).

2. *Mance* : d'azur, à une mancine d'or au fruit de sable bordé de gueules (Caumartin).

3. *De Daillancourt* : écartelé : aux 1 et 4 d'azur, à trois étoiles d'or ; aux 2 et 3 de gueules, à une croix engrêlée d'argent (Vignier). — Alias : d'azur, à une bande coupée d'or chargée d'une étoile de gueules, et accompagnée de deux croix fleuronnées d'or (Vignier).

4. *D'Ourches* : d'argent, à un lion de sable couronné du même, armé et lampassé de gueules, l'écu gerbé d'or.

le Berger (La Chesnaye). » Il n'eut qu'un fils de ce mariage.

IV. CLAUDE PETIT, seigneur du Beuillon et et de Laneuvelle en partie, acheta en 1573, la contrée de *Lavaux* près de Foulain dont ses descendants prirent le surnom. « Il donna les dénombrements de ses terres le 22 Juin 1568 et le dernier des mois et an, par actes passés devant Gruy, notaire ; et en fit foi et hommage, le 4 Juillet 1570, par acte passé devant Mongenault, notaire. Il fit trois acquisitions d'héritages par actes des 30 Décembre 1573, 22 Juin 1579 et 29 Novembre 1588, passés devant Mance et Saint-Didier, notaires royaux en la châtellenie de Nogent, Labaune et Aubry, notaires royaux aux bailliage et prévôté de Chaumont, et Delaume, notaire en la prévôté de Poulangy. Il avait épousé par contrat du 6 Juillet 1564, passé par-devant Guillemin et Gillequin, notaires-jurés en la prévôté d'Andelot, *Geneviève de Brunet*, fille de *Didier*[1], Ecuyer, seigneur dudit lieu, homme d'armes des Ordonnances du Roi sous le duc de Guise, et de *Nicole de Saulcières*[2]. (La Chesnaye). »

V. BENJAMIN PETIT-DE-LAVAUX, seigneur de Lavaux, du Fays, etc., « gentilhomme ordinaire de la Maison du Roi, qui fut émancipé par acte du 25 Juin 1597, passé par-devant Méton, commis au greffe du bailliage de Langres, assisté de ladite *de Brunet*, sa mère, et de ses autres parents. Il acquit avec sa femme, par acte du 8 Mai 1599, passé devant Chrestien, notaire au bailliage de Chaumont, la terre de Vesaignes qu'il échangea, par acte du 15 Février 1601, passé par-devant Montherot et Gillet, notaires royaux audit bailliage, pour celle de Donnemarie, dont il fit foi et hommage, le 26 Mars 1601, par acte signé Pionnier, greffier en la prévôté d'Is (La Chesnaye). » Cinq ans après (4 juillet 1606), il acquit encore quelques autres portions des terre et seigneurie de Donnemarie dont il rendit foi et hommage, le 4 septembre suivant, par-devant Viart, greffier en la prévôté d'Is.

Benjamin meurt en 1637, et il est enseveli près de son père et de sa femme dans l'église de Foulain. Il avait épousé, par contrat du 18 mai 1598, passé par-devant Gourdot et Breton, notaires à Gondrecourt, Marie de Vassan, fille d'Alain de

---

1. *De Brunet*: De gueules, à deux chevrons alésés d'or accompagnés de trois étoiles d'argent posées 2, 1 (La Chesnaye).

1. *De Saulcières* : De gueules, à un lion d'or armé et couronné du même (Caumartin).

Vassan [1], seigneur de Cionville, et de Catherine Rose [2]. Il en eut :

> 1º Louis Petit-de-Lavaux, qui suit :
> 2º Claude, seigneur de Rizaucourt, auteur de la branche rapportée ci-après :
> 3º Catherine Petit-de-Lavaux, femme de Gaspard Paillette [3], écuyer, seigneur de Lamotte, Blumerey, Humbersin, Petit-Serin.

VI. Louis Petit-de-Lavaux, écuyer, seigneur de Donnemarie, lieutenant du gouverneur des ville et château de Nogent, « transigea, le 10 Novembre 1637, devant La Bonne et Morel, notaires aux bailliage de Chaumont, avec *Claude*, écuyer, son frère, sur le partage des biens de leurs père et mère (La Chesnaye). »

Louis jouissait du privilége de noble et habitait Donnemarie en 1665. Il avait épousé, par contrat du 16 août 1627, passé pardevant Hanuts, notaire au bailliage de Langres, résidant à Foulain, Marguerite de la Dixmerie, fille de Michel de la Dixmerie, écuyer, seigneur de la Loge et Latrecey, et de Claude Richard. Il en eut :

> 1º Benjamin-Claude Petit-de-Lavaux, qui suit ;
> 2º Alexandre Petit-de-Lavaux, écuyer, brigadier de la compagnie de la reine ;
> 3º Jean-Baptiste Petit-de-Lavaux, écuyer, enseigne au régiment de Piémont ;
> 4º Jules Petit-de-Lavaux, baptisé à Nogent le 12 mars 1640 ;
> 5º Marie Petit-de-Lavaux, baptisée à Nogent le 6 avril 1641 ;
> 6º Jeanne-Marguerite Petit-de-Lavaux, née à Nogent le 13 avril 1642, fut mariée à François Dorigny, qualifié par suite de seigneur en partie de Donnemarie. De ce mariage naquirent plusieurs enfants ; entre autres :
>> A. Marie Dorigny, femme de Pierre Thévenin, médecin, veuf en premières noces de Claire Crossard, morte à Nogent le 18 août 1700 ;
>> B. Claude Dorigny, seigneur en partie de Donnemarie, épousa Marie Horiot, dont il eut :
>>> Nicolas Dorigny, seigneur en partie de Donnemarie, syndic perpétuel de la communauté de Ninville, sa résidence ; il épousa à Odival,

---

1. *De Vassan* : D'ezur, à un chevron d'or accompagné en chef de deux roses d'argent et en pointe d'une coquille du même.

2. *Rose* : D'azur, à un chevron d'or accompagné de trois roses d'argent posées 2, 1.

3. *Paillette* : D'or, à trois hures de sanglier de sable, posées 2, 1.

le 12 février 1697, Agnès de Mance, fille d'Antoine de Mance, écuyer, seigneur d'Olon, et de Bonne Macheret [1].

7° Claude Petit-de-Lavaux, que nous trouvons, le 4 février 1644, désignée comme marraine dans le registre des baptêmes de Nogent-le-Haut.

VII. BENJAMIN-CLAUDE PETIT-DE-LAVAUX, écuyer, seigneur de Donnemarie, fut capitaine au régiment de Mazancourt, puis lieutenant de la mestre-de-camp du régiment de Coislin-Cavalerie. Il épousa, par contrat du 16 avril 1653, passé devant Jacquinot et Crossard, notaires à Nogent, Anne de Mance, fille de Nicolas de Mance, seigneur d'Olon, conseiller du roi et son procureur en la prévôté de Nogent, et de Nicole Bastien ; de ce mariage naquirent quatre filles :

1° Bonne Petit-de-Lavaux, elle épousa Claude Mathié [1], sieur du Cray, commis aux aides, fils de François Mathié, avocat au parlement, bailliage et siége présidial de Langres, et lieutenant-criminel à Coiffy, et d'Eglantine de Montarby; dont sont issus :

 A. François Mathié du Cray, qui épousa Marie Paulin ;

 B. Jeanne Mathié du Cray, femme de Pierre Paulin.

2° Claudette Petit-de-Lavaux, dame en partie de Donnemarie, était veuve, en 1731, de Vincent-Guérin de la Combe, en son vivant lieutenant de grenadiers au régiment de Luxembourg.

3° Jeanne Petit-de-Lavaux, dame en partie de Donnemarie, femme de Nicolas Moussu, bourgeois du lieu ; dont sont issus :

 A. Jean-François Moussu, seigneur en partie de Donnemarie ; il épousa en premières noces, le 11 septembre 1724, Jeanne Collier, fille de Nicolas Collier, amodiateur de la terre et seigneurie de Meuse, et d'Anne Bricard ; en secondes noces, le 26 juin 1742, il épousa Nicole Girard, fille de Philippe Girard, procureur du roi à Nogent, et de Catherine Serqueil.

(1) De ce mariage naquirent :
 a. Marguerite Dorigny, née à Odival le 21 janvier 1698 ;
 b. Sébastien Dorigny, né à Donnemarie, ordonné prêtre en 1726, vicaire de St-Pierre de Langres, chanoine de Lafauche, curé de Semilly de 1730 environ à 1762. Il fut, en 1750, évincé d'un canonicat de St-Mammès de Langres.

(1) *Mathié* : De sable, à un chevron d'or accompagné en chef de deux trèfles d'argent et en pointe d'un lion du même. (*Armorial général*).

B. Jacques Moussu, demeurant à Donnemarie.

C. Nicolas Moussu, demeurant à Baissey.

D. Claude-Agnès Moussu, femme de François Braconnier, de Donnemarie.

E. Marie Moussu, épousa, en 1732, Martin Paulin, d'Humes, dont le fils, Pierre Paulin, paraît en 1760 comme seigneur en partie de Donnemarie.

4° Catherine Petit-de-Lavaux, femme de Jean-Baptiste Robert, conseiller du roi et son procureur en la gruerie royale de Nogent, veuf en premières noces d'Anne Mance, fille de Marc Mance et de Marie Millot. Elle mourut sans hoirs.

A la suite de la généalogie de cette branche, La Chesnaye ajoute : « Leur postérité (des seigneurs de Donnemarie) subsiste dans M. *Petit de Brauvilliers*, ancien capitaine au régiment de Touraine-Infanterie, qui a deux enfants ; le fils [1] vient de faire ses preuves pour l'Ecole royale militaire et la fille est destinée à être reçue à St-Cyr. »

Nous pensons que ce M. Petit de Brauvilliers doit être un fils ou un petit-fils d'un des deux frères de Benjamin-Claude Petit-de-Lavaux, car nous n'avons trouvé aucune indication qui nous ait démontré que ce dernier ait eu un fils ; ce que nous avançons nous paraît d'autant plus probable que la seigneurie paternelle de Donnemarie passa aux filles. Peut-être aussi descendait-il du 13ᵉ enfant de Didier Petit.

On trouve dans l'*Armorial général* (de Champagne) un François-Gaucher Petit, conseiller, procureur du roi de la ville de Chaumont, avocat en Parlement, qui déclare porter pour armes : *Ecartelé : aux 1 et 4 de sinople, à trois glands renversés d'or, deux et un ; aux 2 et 3 d'argent, à un lion morné de sable, et un chef de gueules chargé de trois croissants d'argent.* Evidemment on peut affirmer, d'après les armes déclarées, que c'est un membre de la famille Petit-de-Lavaux, mais nous ne pouvons fixer sa parenté.

BRANCHE DES SEIGNEURS DE RIZAUCOURT ET DE MATHAUX [2]

VI. CLAUDE PETIT-DE-LAVAUX, Ecuyer, seigneur de Rizau-

---

1. Ce fils, que ne nomme pas La Chesnaye, est : Jean-Baptiste-Pierre Petit de Brauvilliers, né le 7 juin 1767 à Châlons-sur-Marne ; il fit ses preuves par-devant Chérin père, le 24 novembre 1784.

2. D'après La Chesnaye. — Cette branche écrit aussi son nom : *Le Petit de Lavaux.*

court, second fils de Benjamin Petit de Lavaux et de Marie de Vassan, fut d'abord Lieutenant d'une Compagnie de Chevau-légers au régiment de Treilly, puis Capitaine et Major au régiment du marquis de Vezain, son oncle. Il fut maintenu dans sa noblesse, avec *Louis Petit de Lavaux*, son frère, sur la production de leurs titres, par trois jugements rendus : le 1er, le 11 Juillet 1635, par M. de Choisy, Intendant de Champagne ; le 2me, le 17 Avril 1641, par M. de Grenanville, Intendant de Champagne ; le 3me, le 18 Juillet 1641, par les commissaires députés pour l'exécution des déclarations touchant le droit des francs-fiefs et nouveaux acquets. Il fut encore maintenu dans sa noblesse, sur le vu des mêmes titres, par arrêt de la Cour des Aides, du 20 Février 1664, signé Dumoulin, contradictoirement avec le Procureur général et Thomas Rousseau [1]. Il avait épousé, par contrat du 16 Janvier 1638, passé devant Sandrey, notaire à Brienne, *Marie Berbier du Metz*, fille de *Jacques Berbier* [2], sieur du Metz, et de *Marguerite de Vassan*. De leur mariage naquirent :

> 1° François-Gabriel Petit de Lavaux, capitaine au régiment d'Epagny ;
> 2° Gaspard-Antoine Petit de Lavaux, enseigne au régiment d'Epagny ;
> 3° Pierre Petit de Lavaux ;
> 4° Louis Petit de Lavaux qui suit ;
> 5° Catherine Petit de Lavaux [3] ;
> 6° Elisabeth Petit de Lavaux.

VII. Louis Petit de Lavaux, Ecuyer, seigneur de Rizaucourt, épousa, le 6 Mai 1681, *Brice-Marguerite du Ru*, en la paroisse de Saint-Léu et Saint-Gilles, à Paris ; il en eut six enfants dont cinq sont morts sans postérité ; le sixième

VIII. Gédéon-Claude Petit de Lavaux, Chevalier, seigneur et baron de Mathaux, né le 14 Juin 1702, Capitaine au

---

1. Laîné (*Armorial de Champagne*), dit que c'est à la faveur de son beau-père, M. Berbier du Metz, que Claude Petit de Lavaux fut maintenu en sa noblesse par arrêt du Conseil d'Etat daté du 11 juin 1669, sur une production remontant seulement à 1597.

Les armes déclarées sont : Ecartelé : aux 1 et 4 d'azur, à 3 glands d'or ; aux 2 et 3 d'or semé de trèfles de sable, à un lion du même lampassé et armé de gueules, et un chef de gueules chargé de 3 croissants d'or.

2. *Berbier* : D'azur, à trois colombes d'argent (Caumartin)

3. Nous croyons que ce fut elle qui épousa, le 9 décembre 1677, Claude François de Montarby, seigneur de Fréville et Charmoilles en partie.

régiment de Vexin-Infanterie, grand-bailli d'épée de la ville
de Chaumont, mourut au château de Mathaux, le 9 Mai 1777.
Il avait épousé, le 1er Août 1744, *Charlotte-Jeanne de Poiresson*, fille d'*Adrien-François de Poiresson*[1], Ecuyer, marquis
de Chamarandes[2], lieutenant-général au bailliage et siége présidial de Chaumont, et d'Anne-Louise Le Moyne[3]. De ce
mariage naquirent cinq enfants dont quatre morts jeunes[4] ; le
cinquième :

> Marie-Françoise-Charlotte Petit de Lavaux, née à Mathaux
> le 12 juin 1746, héritière de sa branche, épousa par contrat du 4 novembre 1764, *Galiot-Jean-Marie de Mandat*[5], baron de Nully, seigneur de Thil, Grancey et Bouron, chevalier de Saint-Louis du 7 mai 1763. Il était né
> le 13 octobre 1733, second fils de Galiot Mandat, baron de
> Nully, et de Marie-Anne Cherouvrier-des-Grassières. Il
> devint grand-bailli de Chaumont, sur résignation de son
> beau-père, par lettres données à Versailles le 7 juin 1769.
> Il présida en cette qualité l'assemblée de la noblesse du
> bailliage pour l'élection des députés aux Etats-Généraux
> de 1789; il émigra en 1791, et mourut en 1805. De son
> mariage étaient nés :
>
> > A. Adrien-Simon-Galiot-Marie de Mandat, comte de
> > Grancey, lieutenant des vaisseaux du roi, né le
> > 8 novembre 1765 ; mort en septembre 1811. Il
> > émigra en 1791 et épousa Marguerite-Pauline de
> > Paris-la-Brosse ; dont postérité ;
> >
> > B. Alexandre-Galiot-Charles, chevalier de Mandat, né
> > le 3 décembre 1766, chevalier de Saint-Louis ; il
> > émigra en 1791 ;
> >
> > C. Antoine-Galiot-Marie, baron de Mandat, né le 2 fé-

1. *De Poiresson* : D'azur, à trois pals d'or (Caumartin).

2. Chamarandes fut érigé en marquisat, en 1745, avec réunion des
seigneuries de Lachapelle, Lamothe et Curmont, en faveur d'Adrien-François
de Poiresson, père de Charlotte-Jeanne.

3. *Le Moyne* : D'argent, à un chevron de gueules accompagné de trois
mouchetures d'hermine de sable (*Armorial général*).

4. **M. A. Roserot. de Troyes**, nous communique obligeamment le renseignement suivant : On lit sur trois cloches de l'église de Mathaux (Aube)
« L'an 1752, j'ay été bénite par Mr Pierre de Brienne, curé de Mathault, et
j'ay eu pour parrain Mre Gédéon-Estienne-Maurice Le Petit et pour marraine
Marie-Françoise-Charlotte Le Petit de Lavaulx, fils et fille de Mre Gédéon-
Claude Le Petit de Lavaulx, chevalier, baron de Mathault et grand-bailli du
Bassigny. »

5. *Mandat* : D'azur, à un lion d'or couronné du même et lampassé de
gueules, et un chef d'argent chargé d'une hure de sanglier de sable défendue
d'argent, accostée de deux roses de gueules (Saint-Allais).

vrier 1769, chevalier de Saint-Louis ; il émigra en 1791 et épousa, le 9 juillet 1805, Adelaïde le Bas du Plessis, fille de François-Nicolas le Bas du Plessis, maréchal de camp, ancien capitaine aux gardes ;

D. Etienne-Martial, baron de Mandat, né le 12 décembre 1770.; il émigra ; il fut fusillé à Caen en 1798 ;

E. Louis-Marie-Fortuné, chevalier de Mandat, mort à La Martinique en 1792 ;

F. Alexandrine-Claudine-Félicité de Mandat, née le 25 octobre 1767, épousa le comte Alexandre Thomassin de Bienville. Ils périrent tous deux en 1794 sur l'échafaud révolutionnaire ;

G. Anne-Sophie de Mandat, née le 8 février 1776, épousa Gaspard-Pontus-Nicolas, marquis de la Madeleine-Ragny ;

H. Antoinette-Herminie, morte en bas-âge.

OUVRAGES DU MÊME AUTEUR

Arcis-sur-Aube. — Imprimerie Léon FRÉMONT.